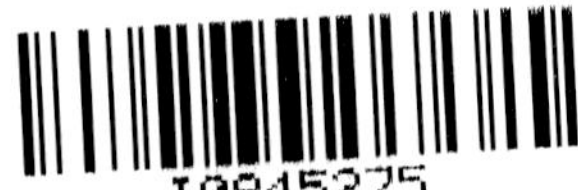
I0845275

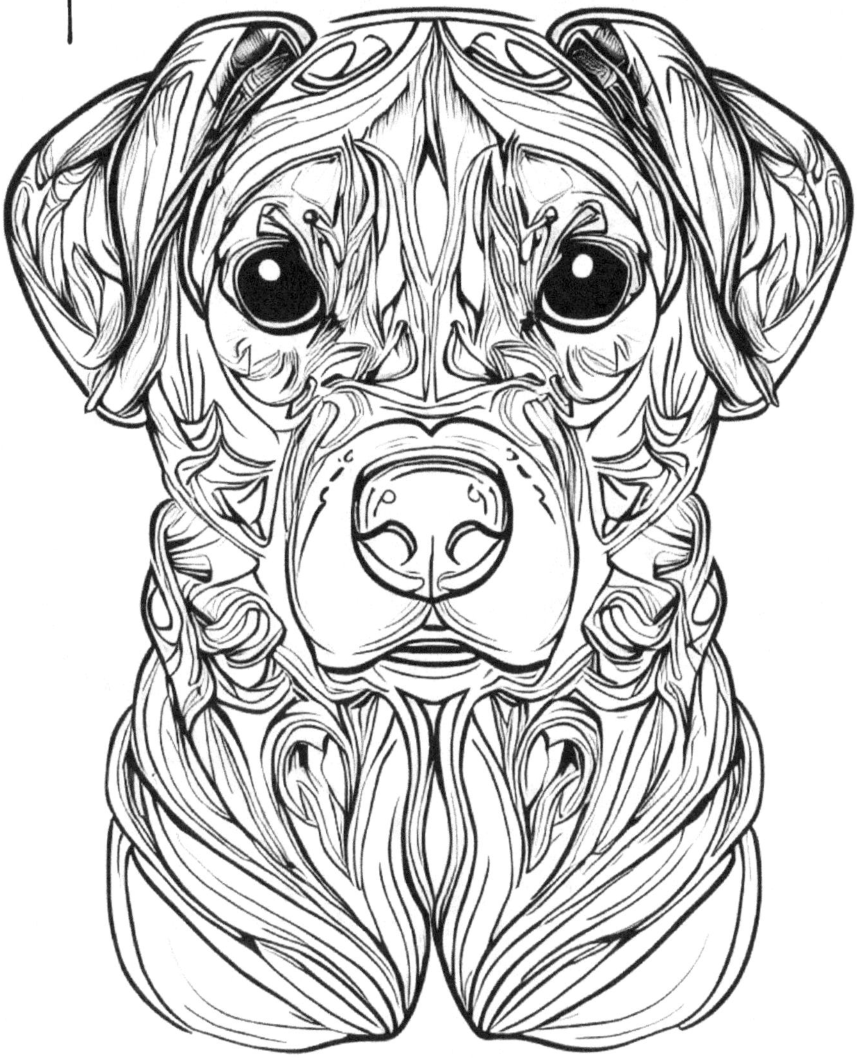

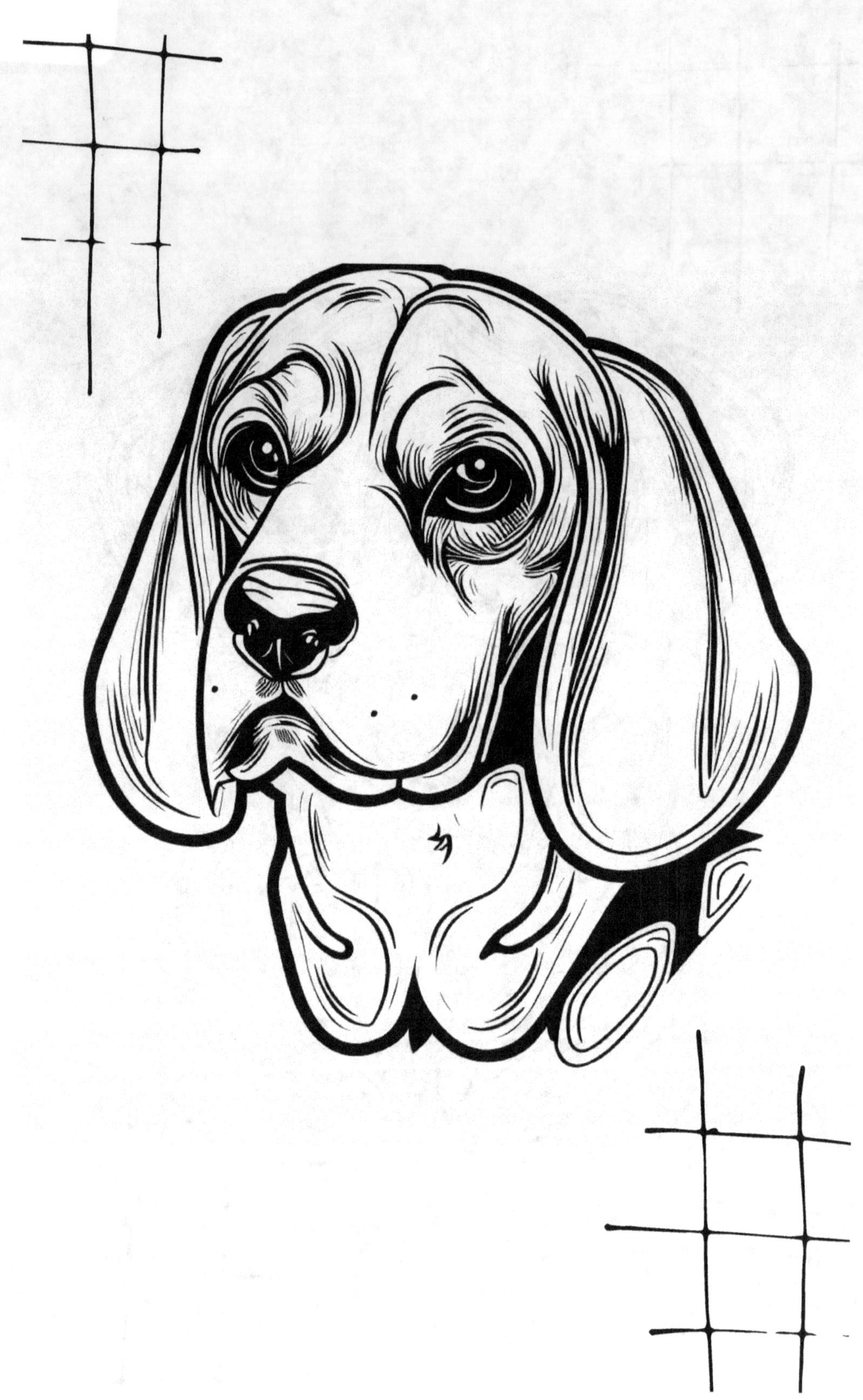

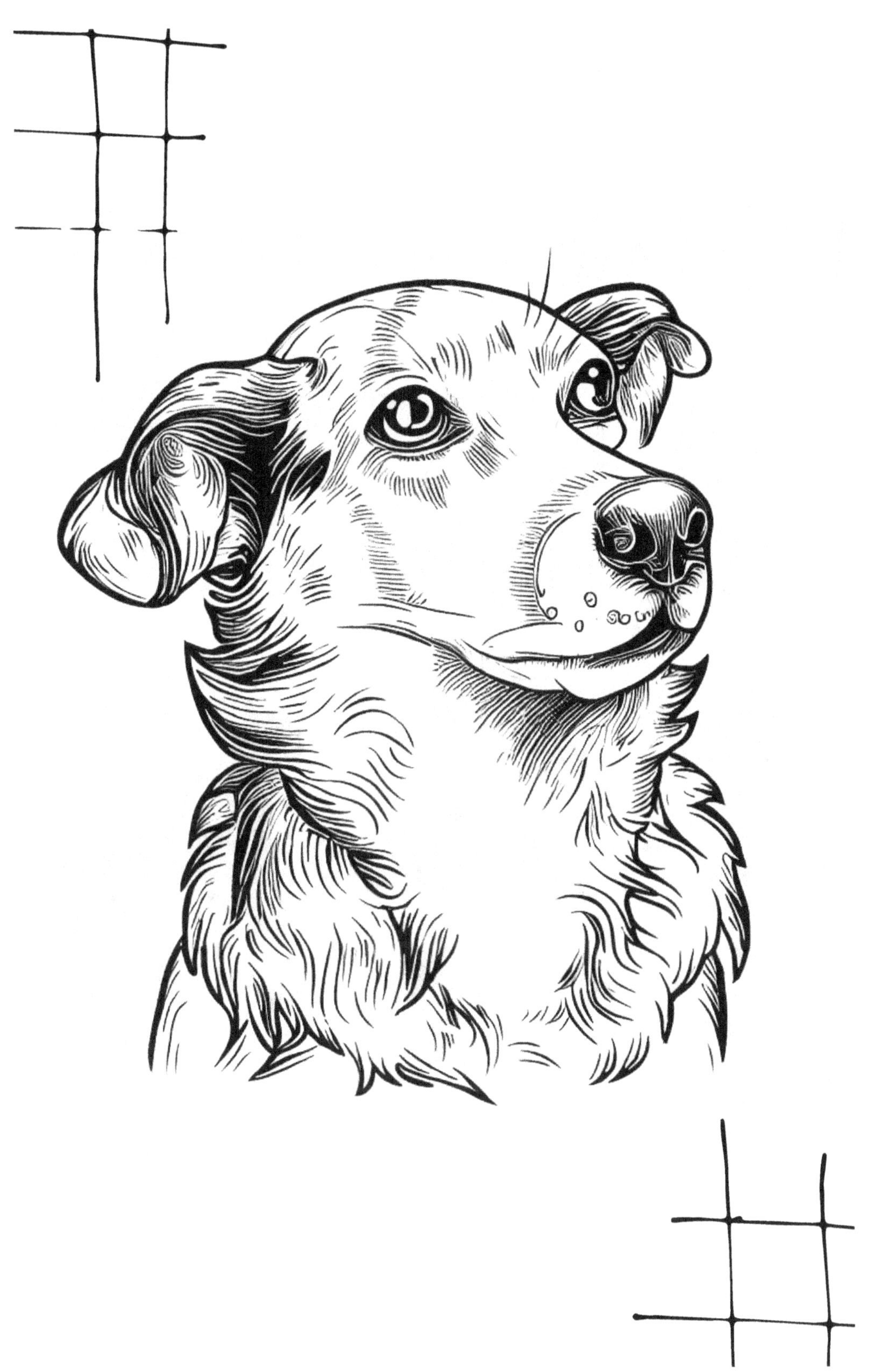

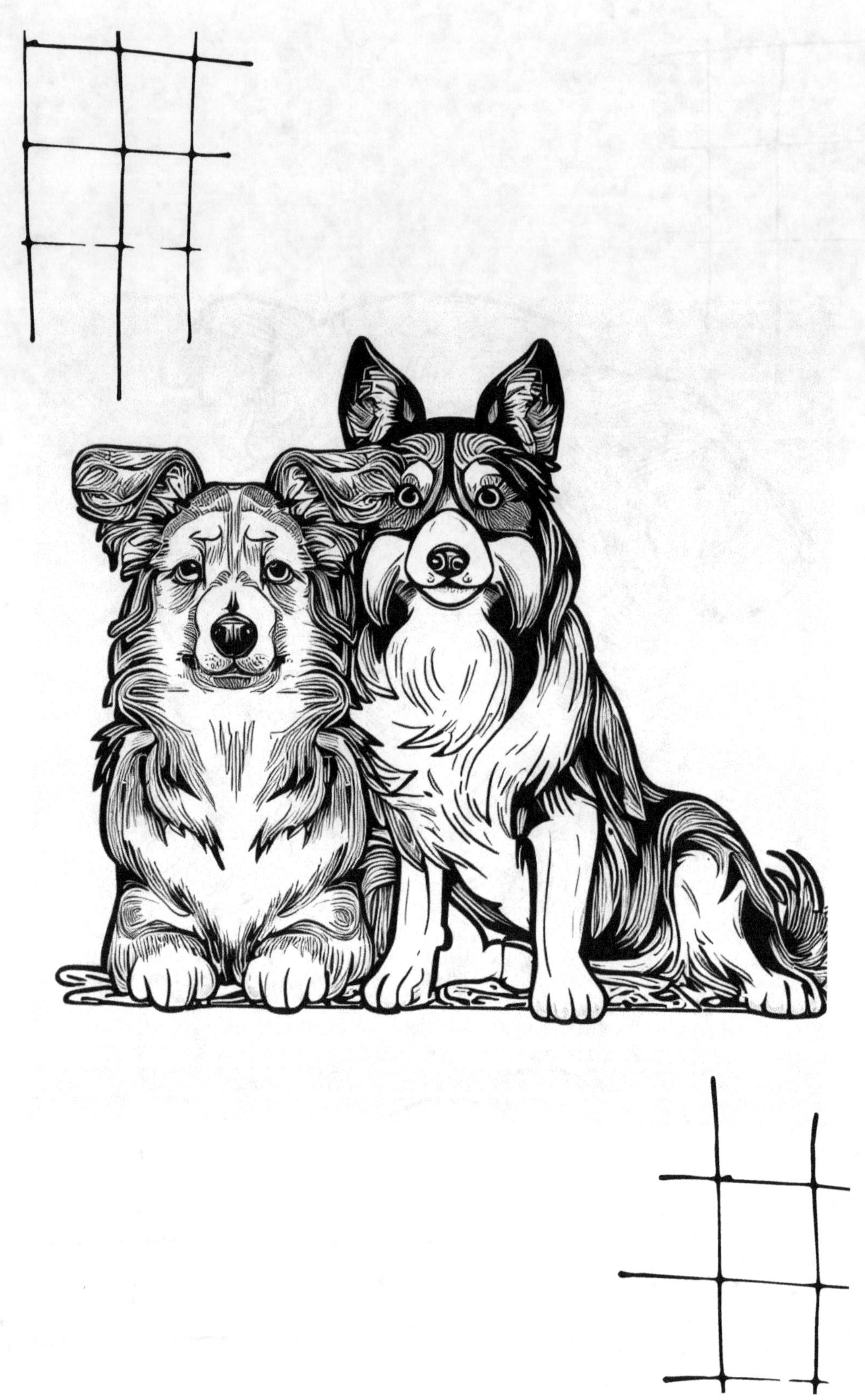

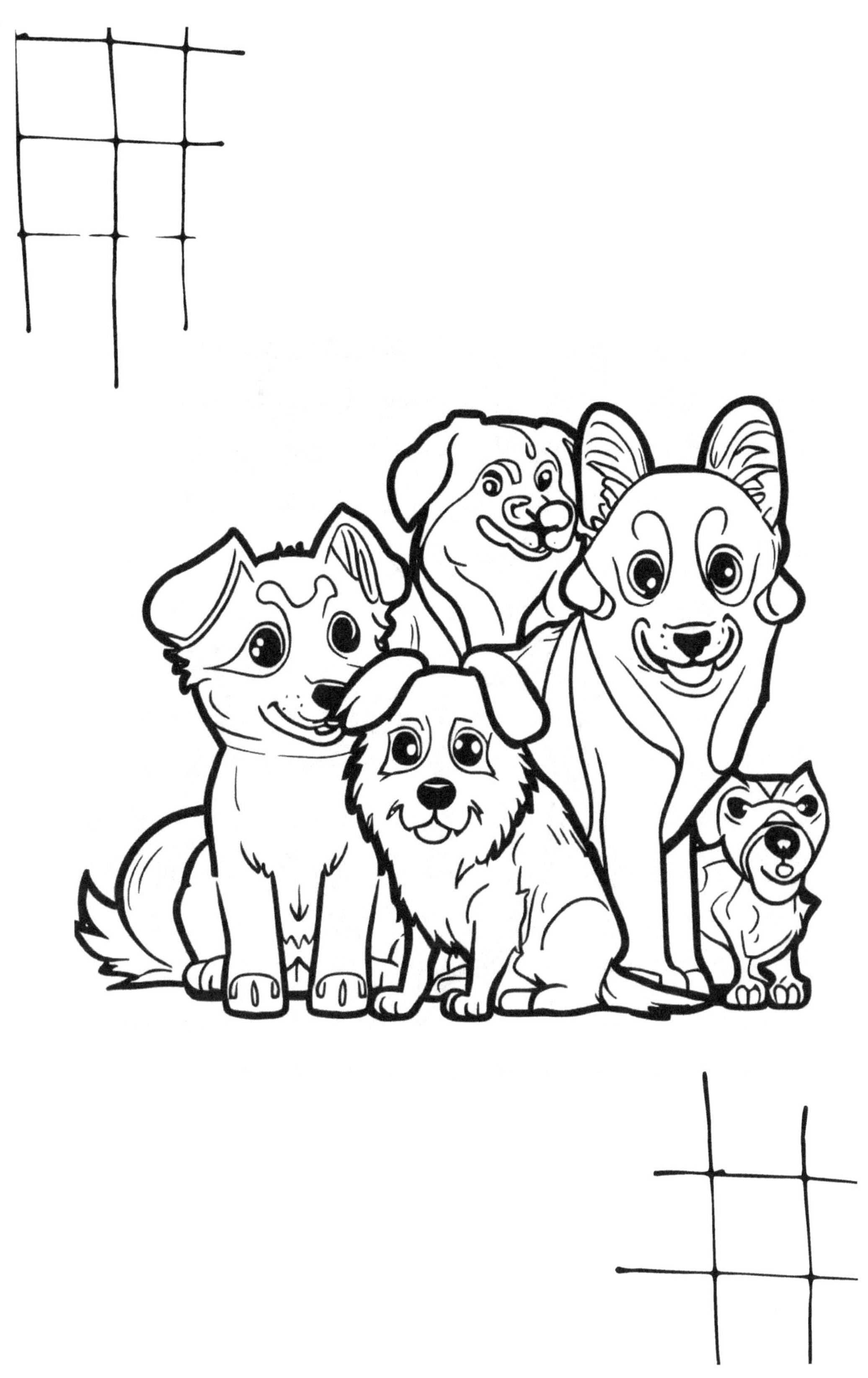

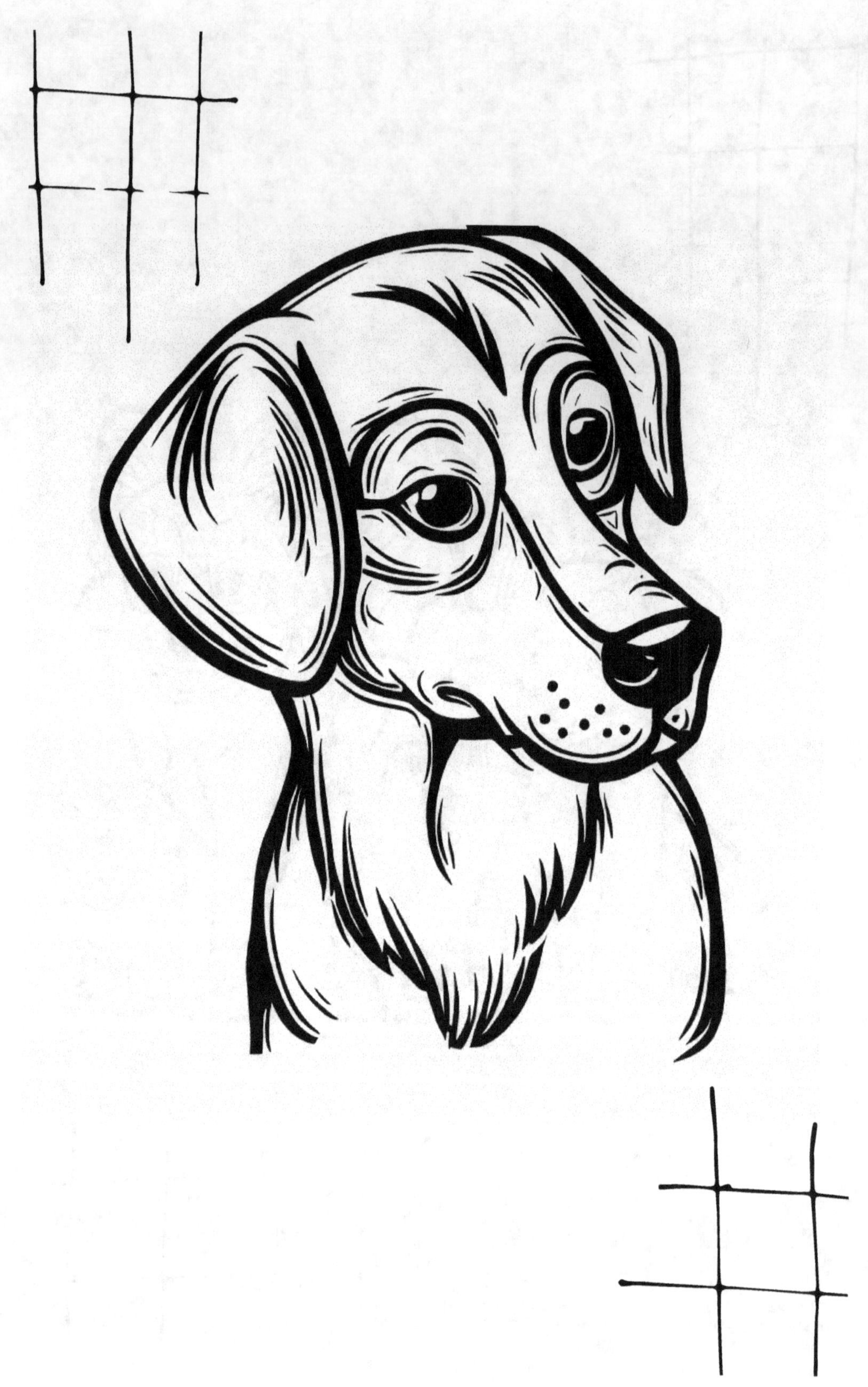

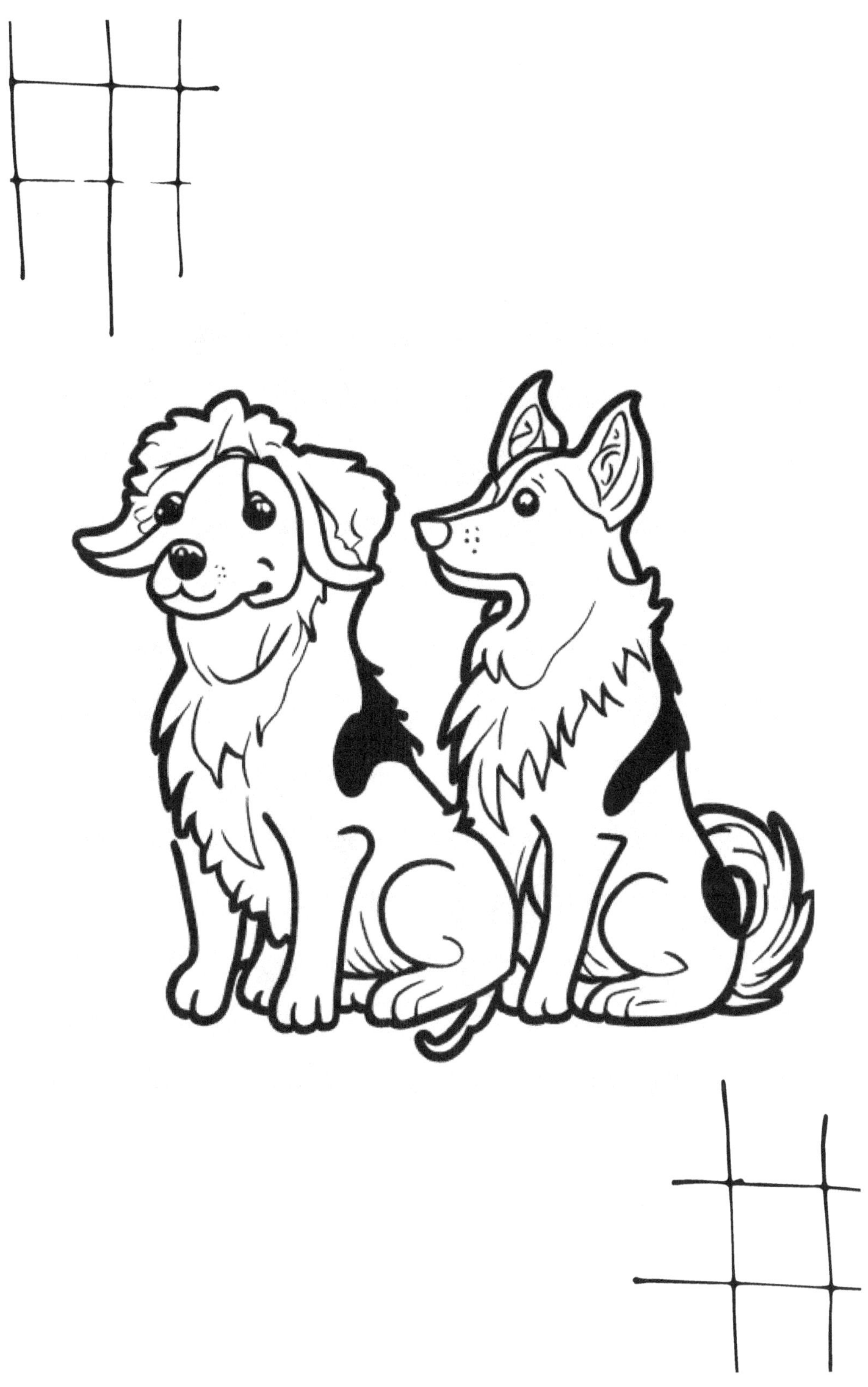

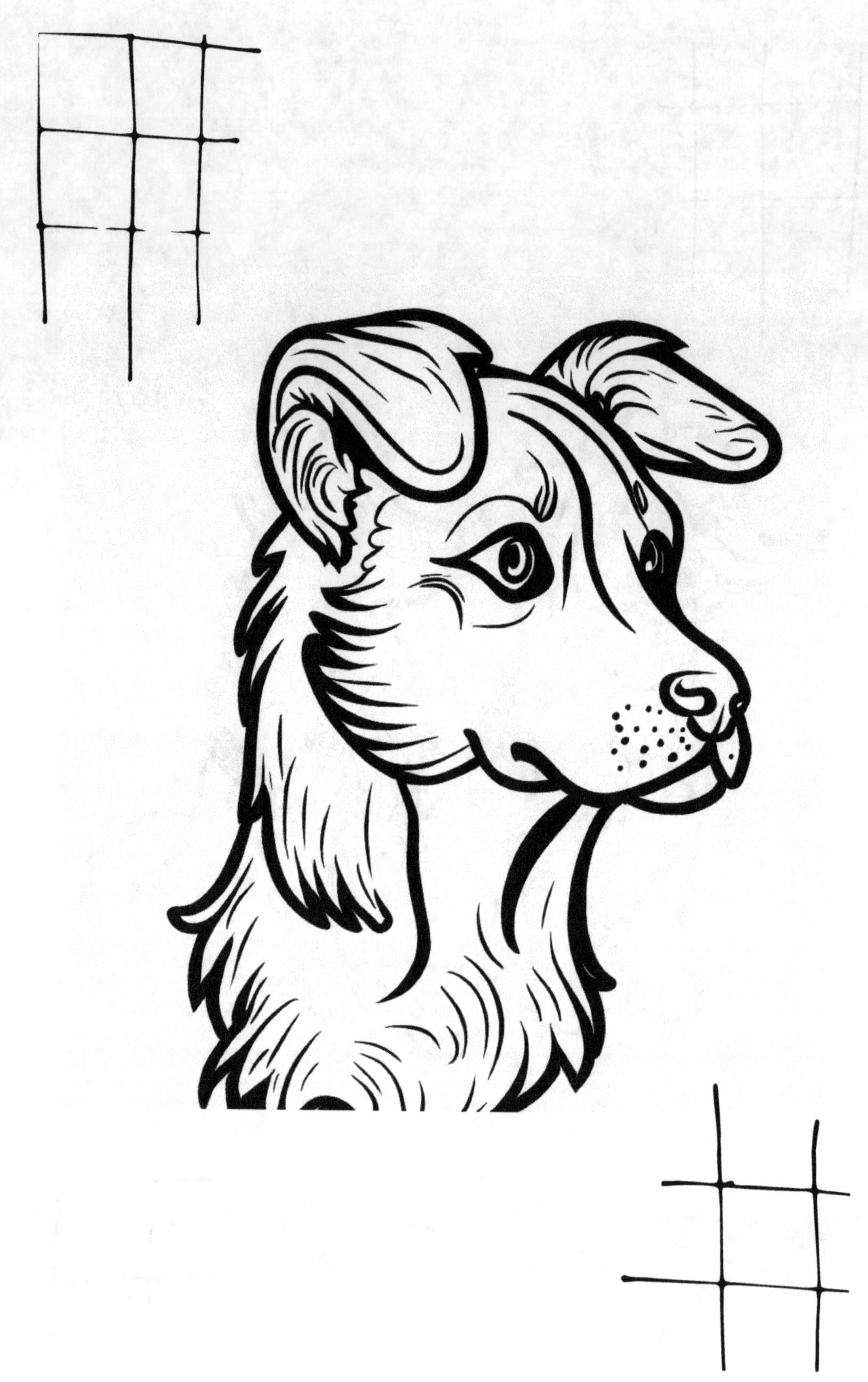

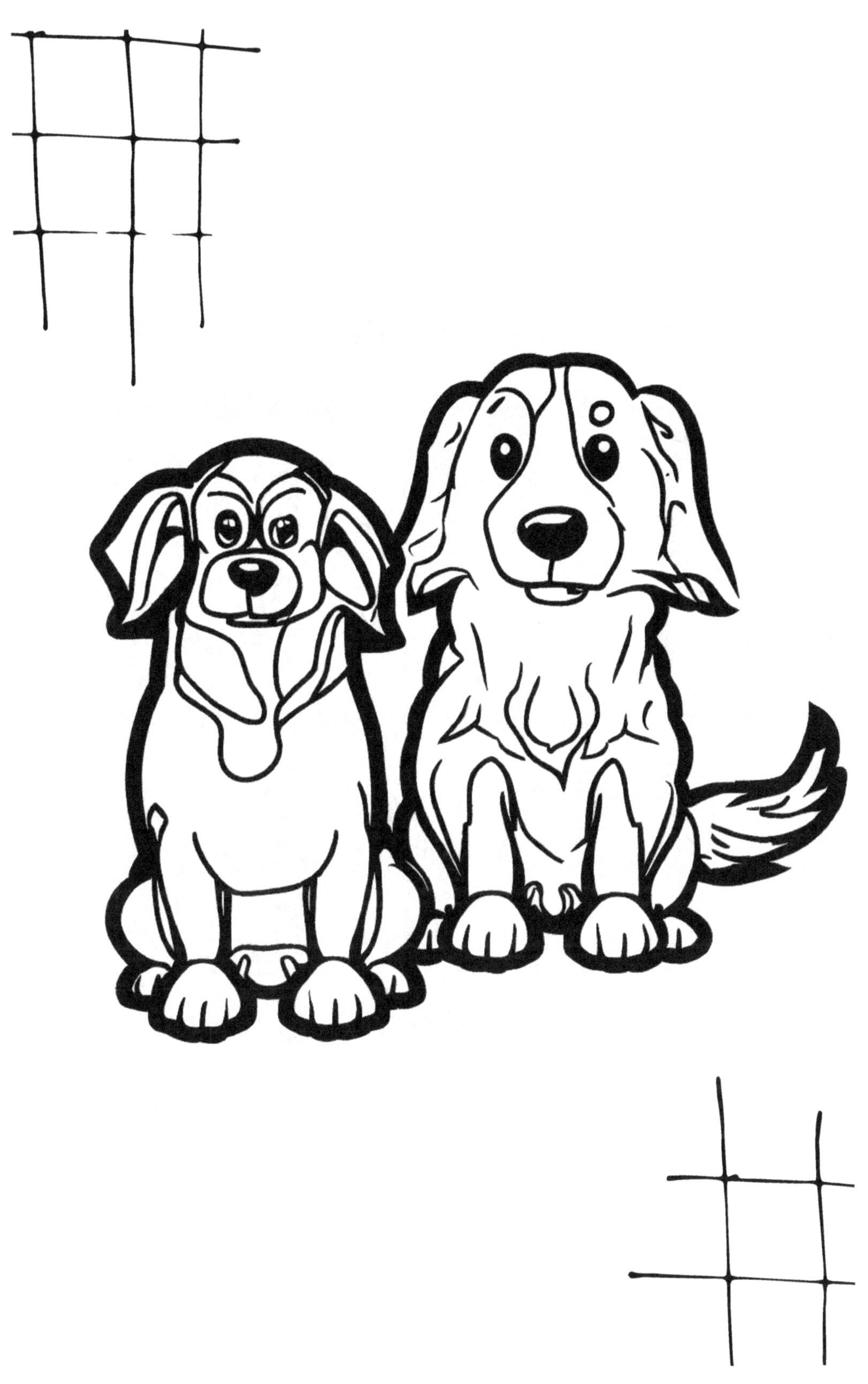

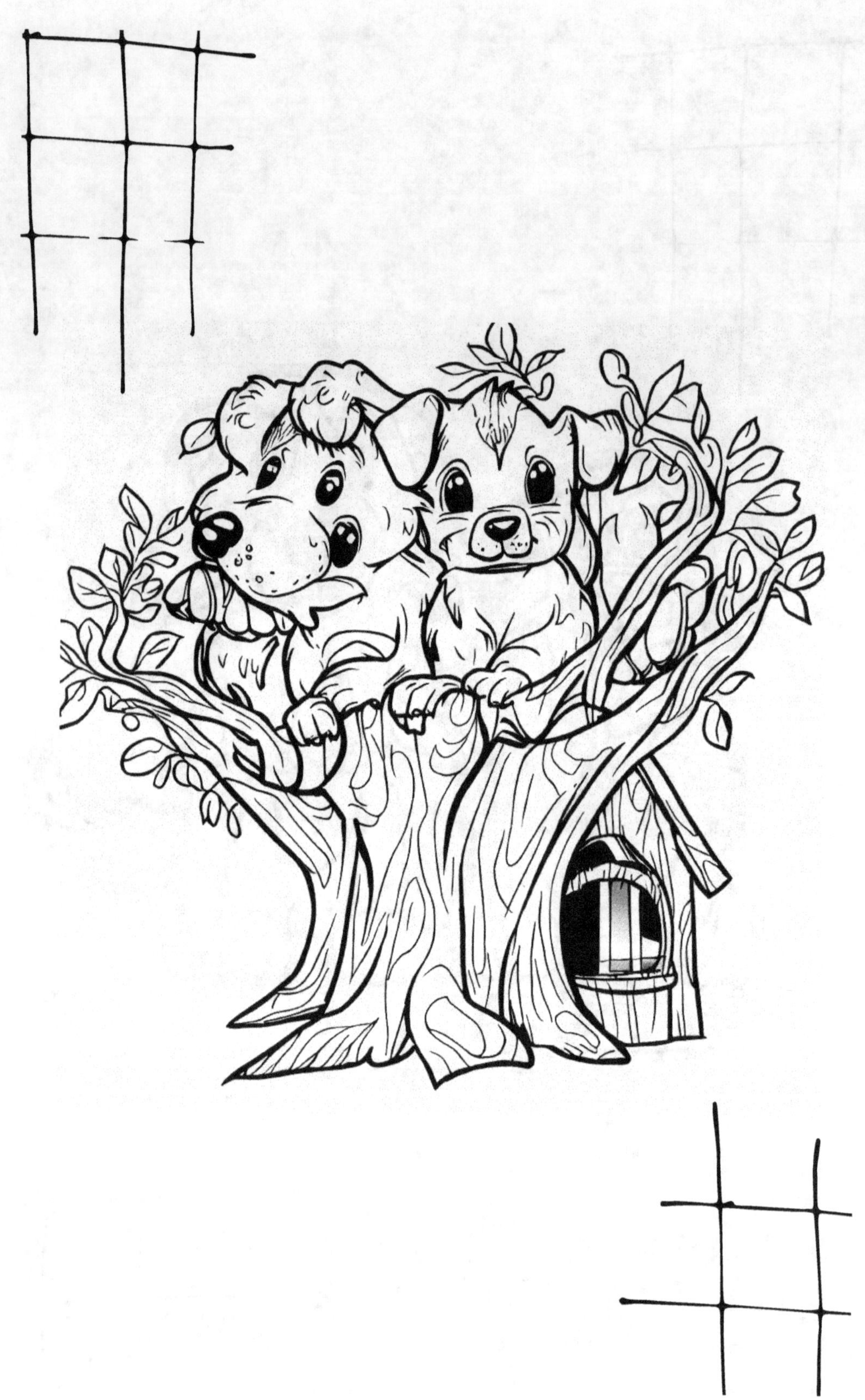

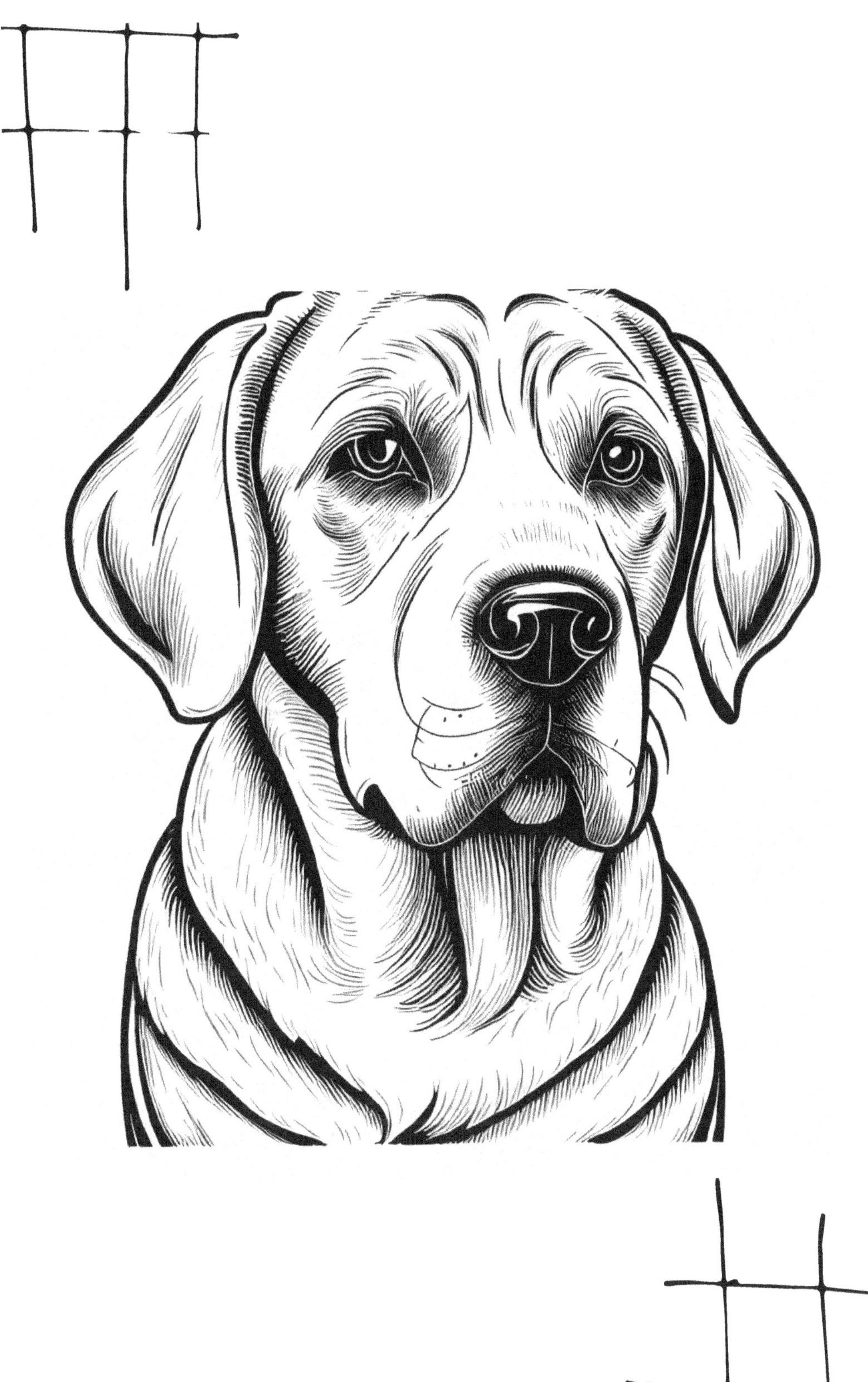

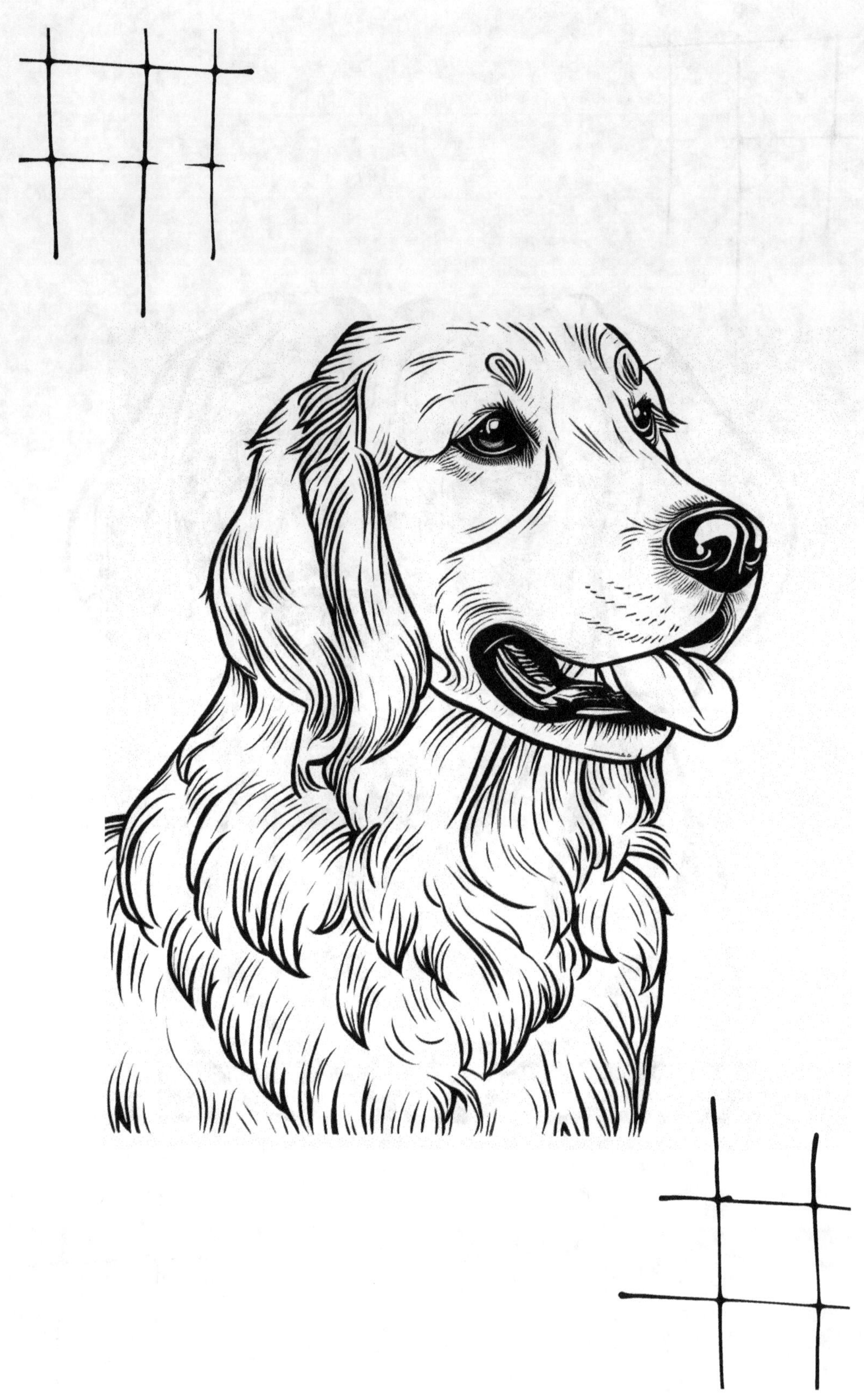

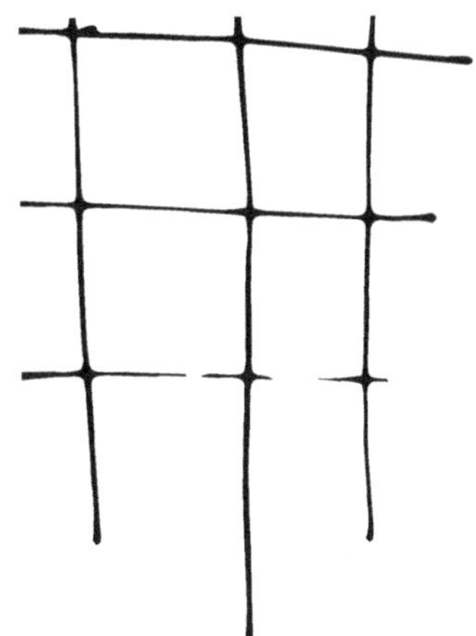

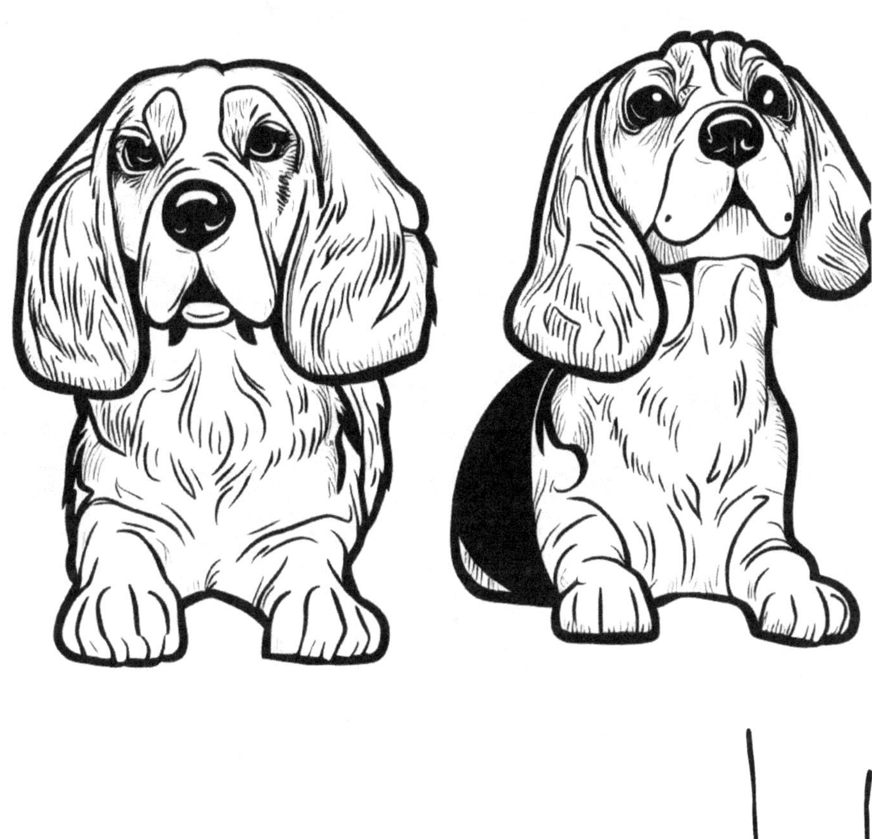

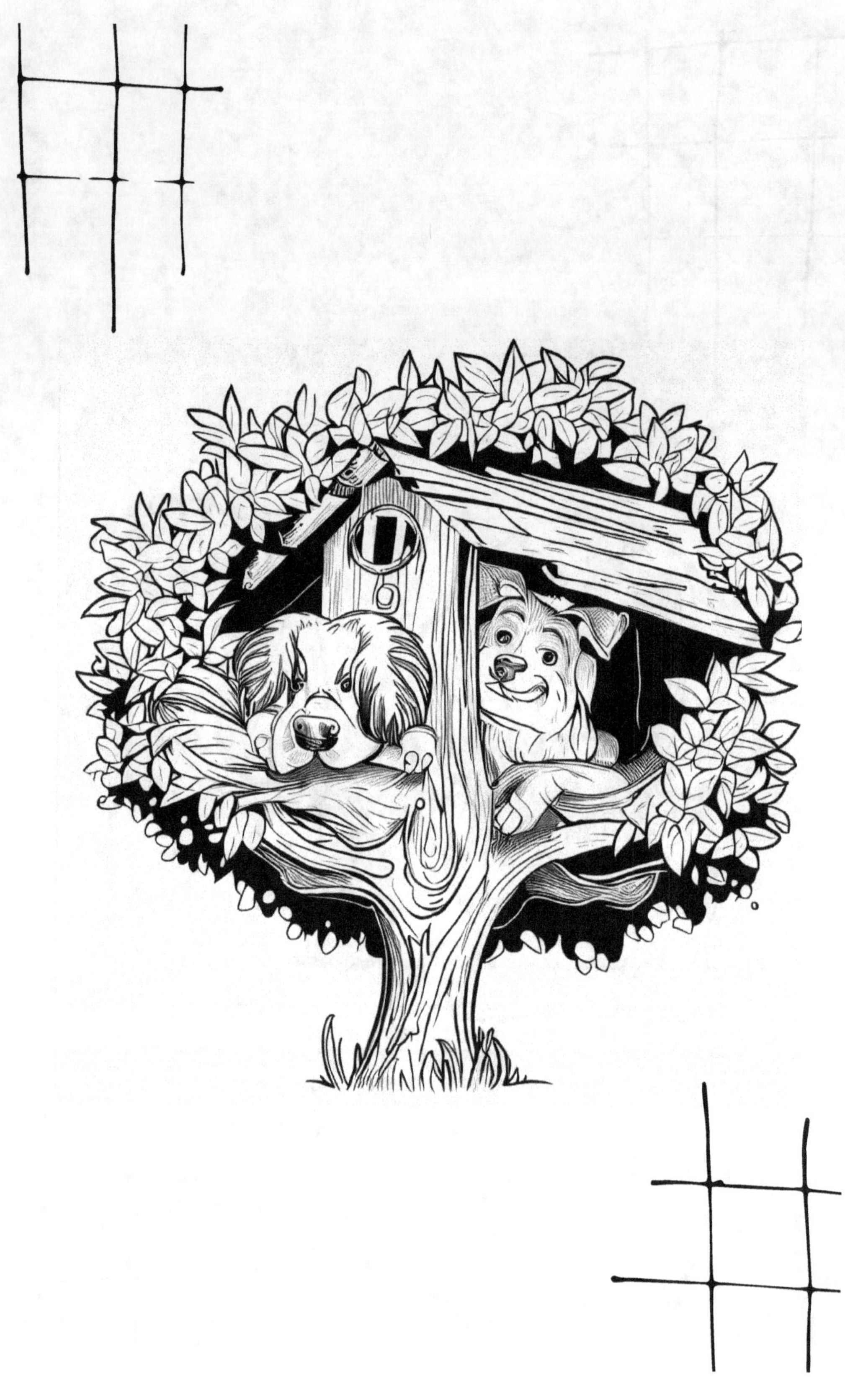

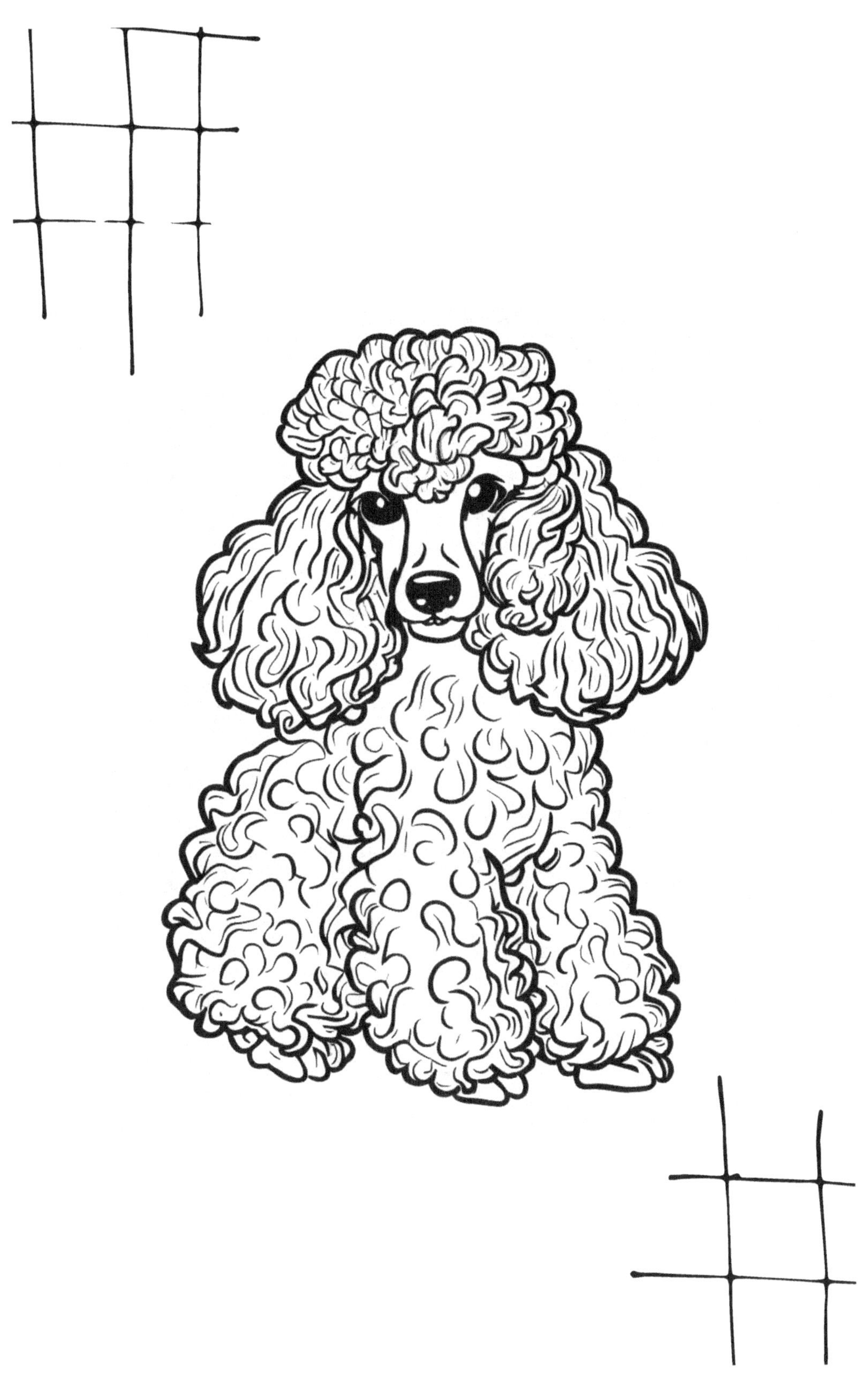

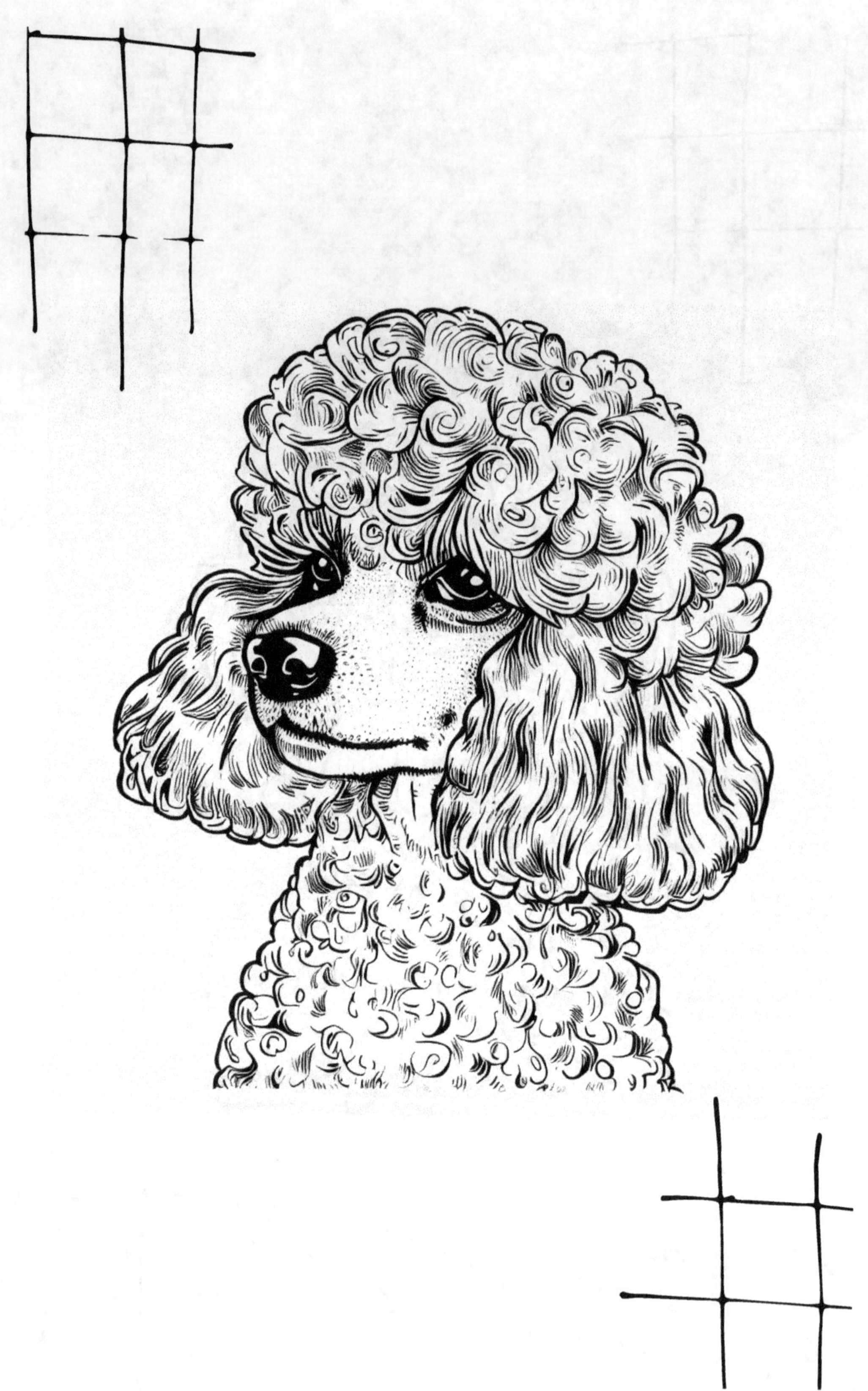

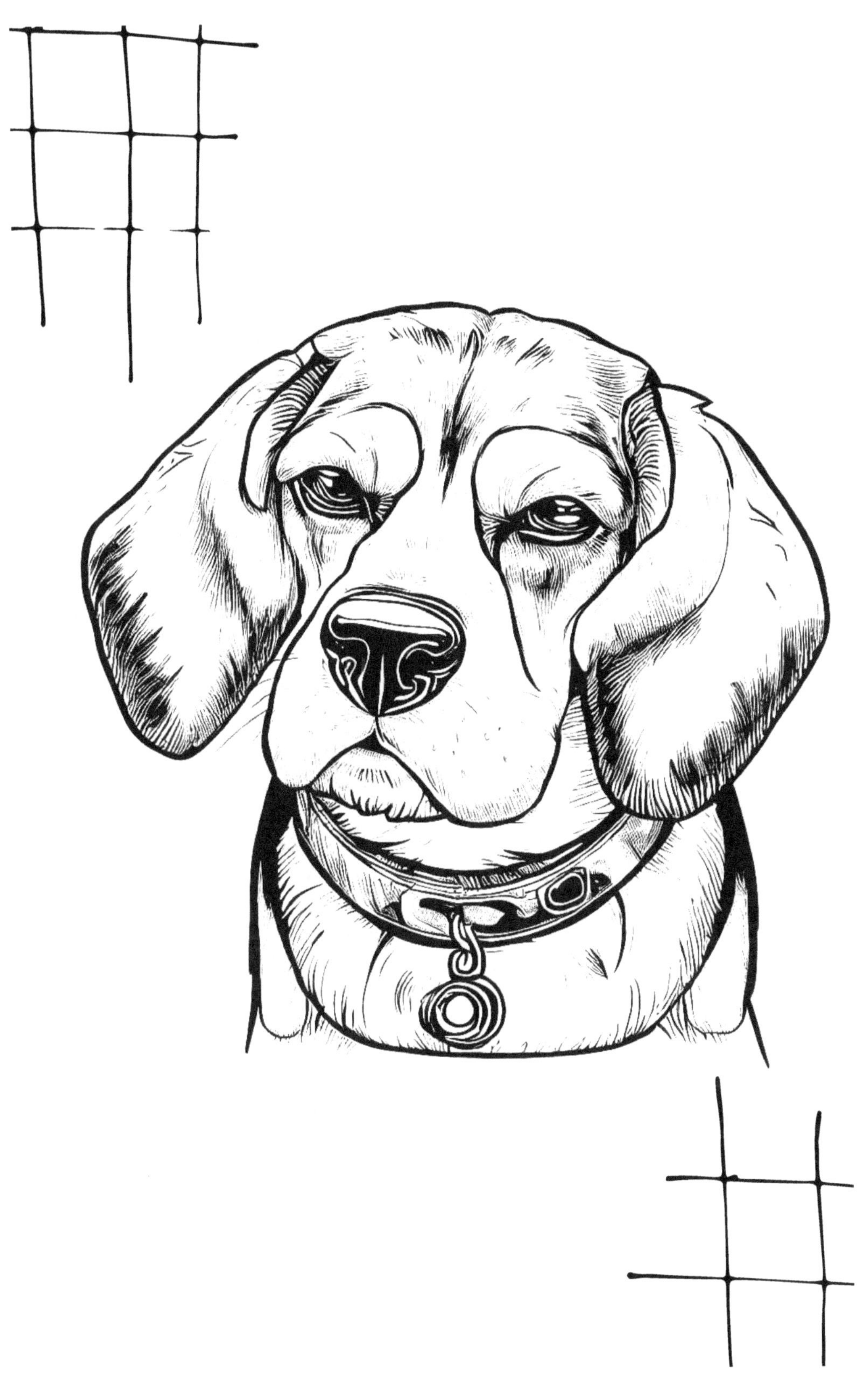

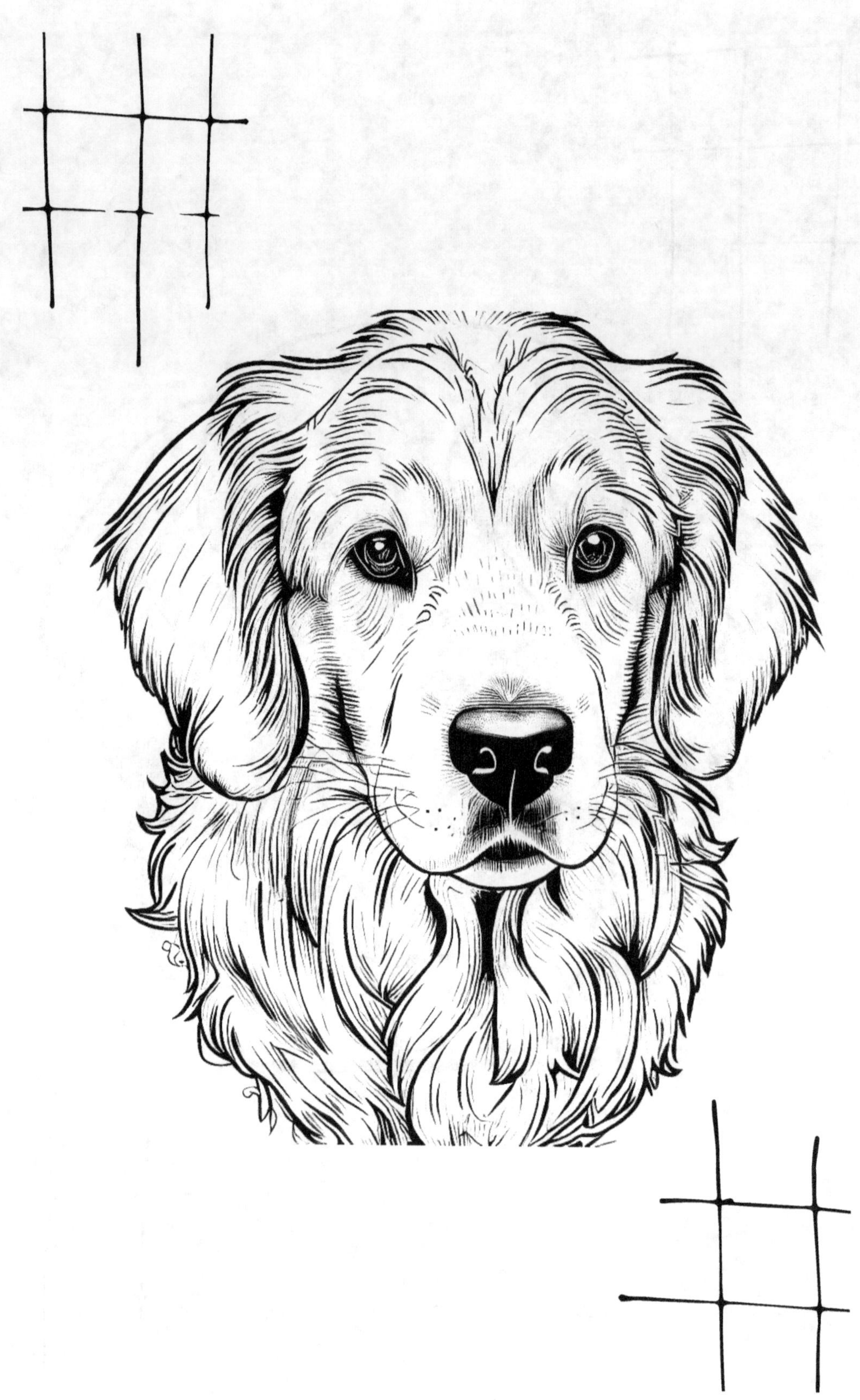

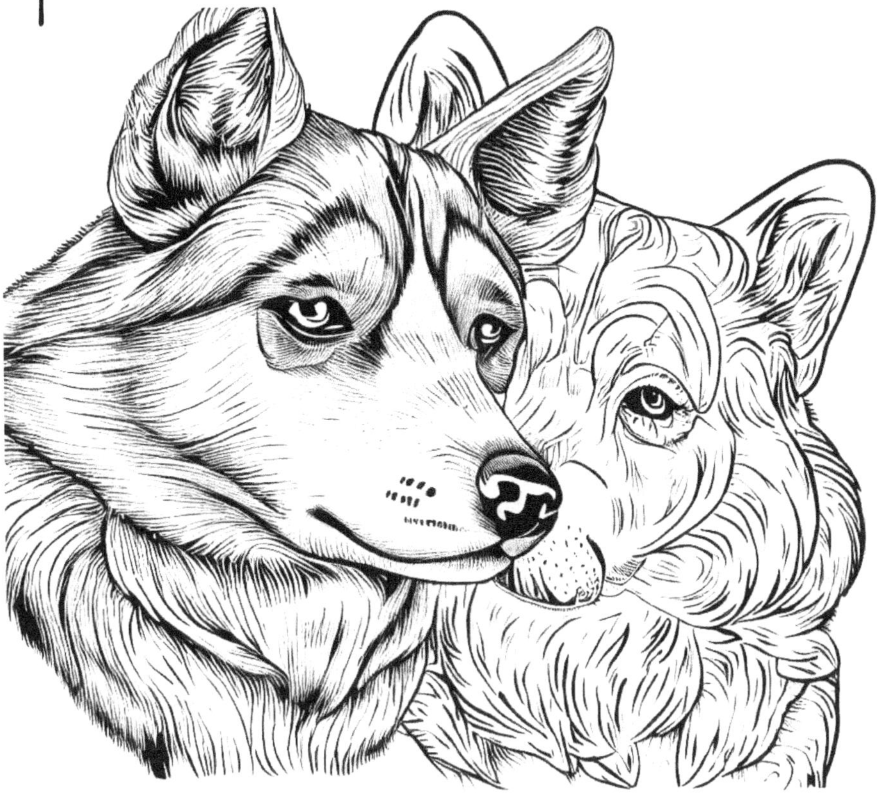

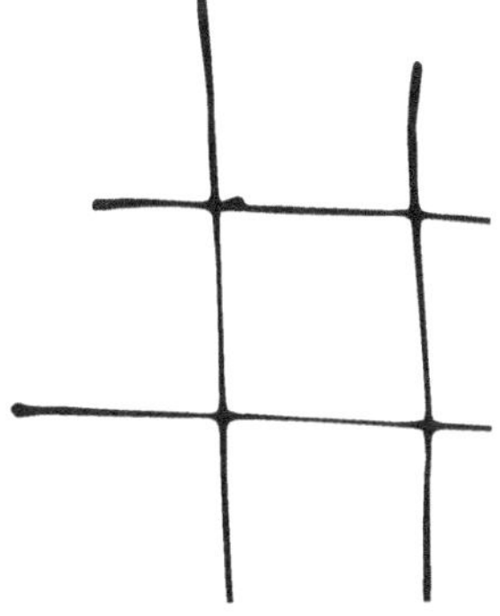

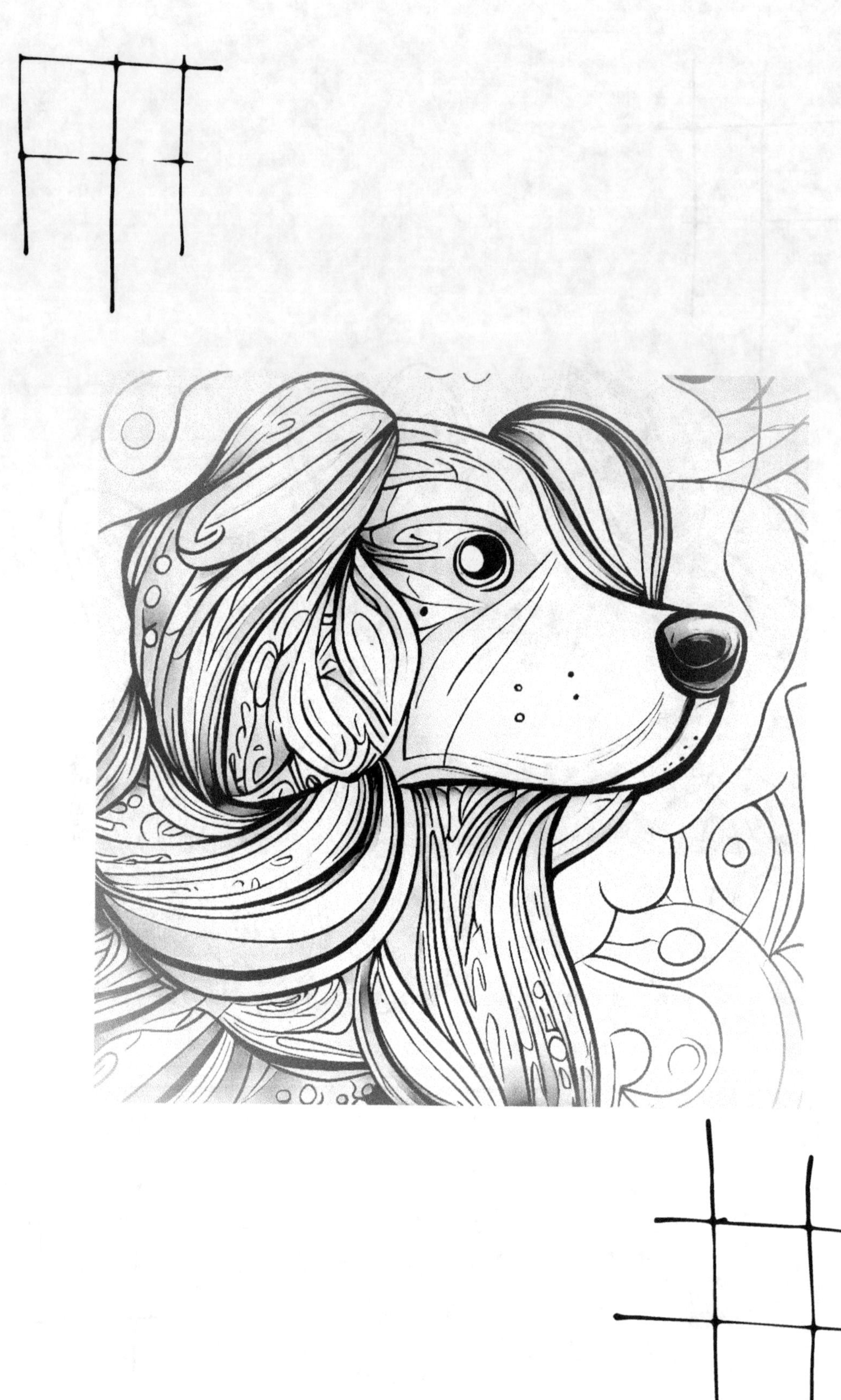

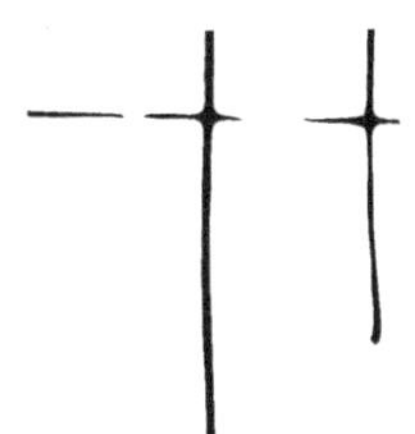
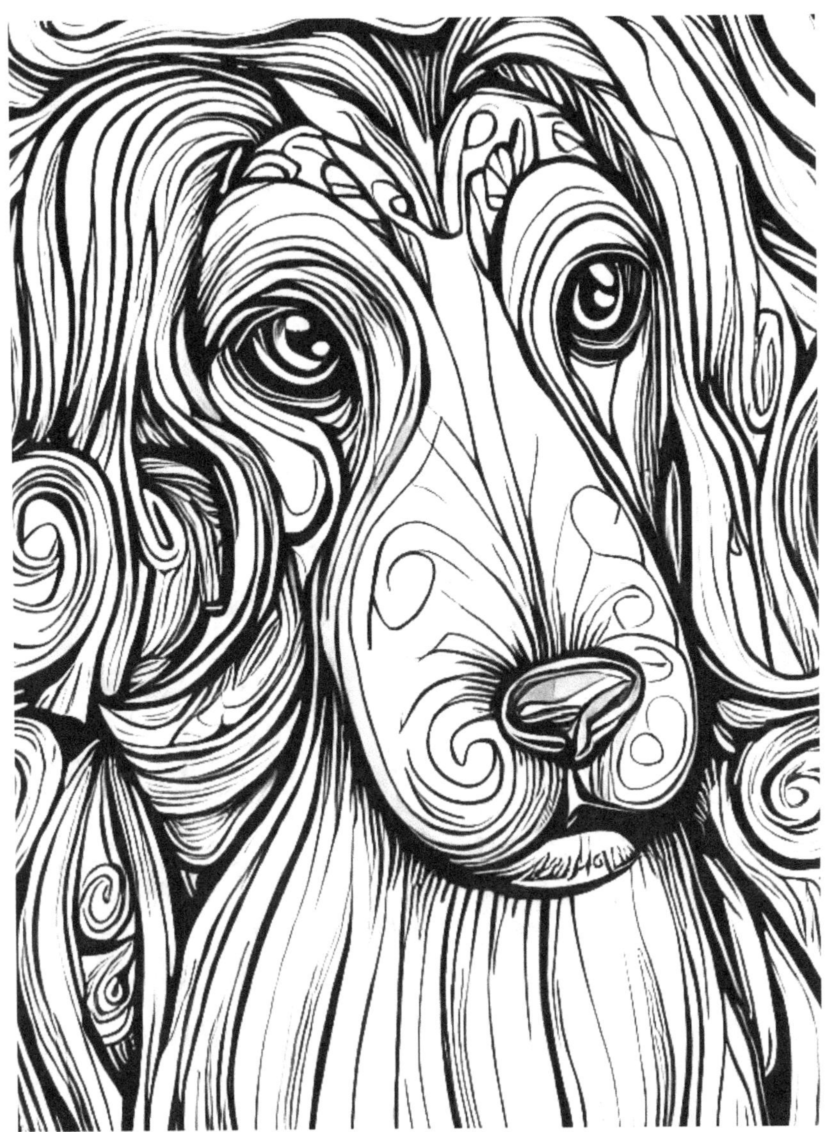
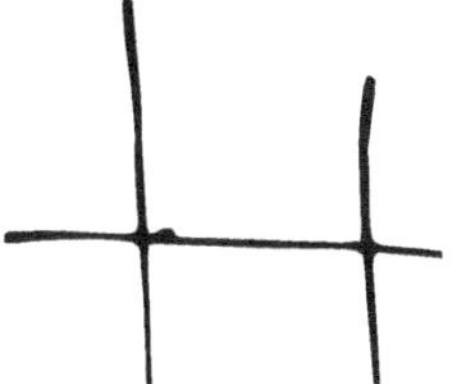

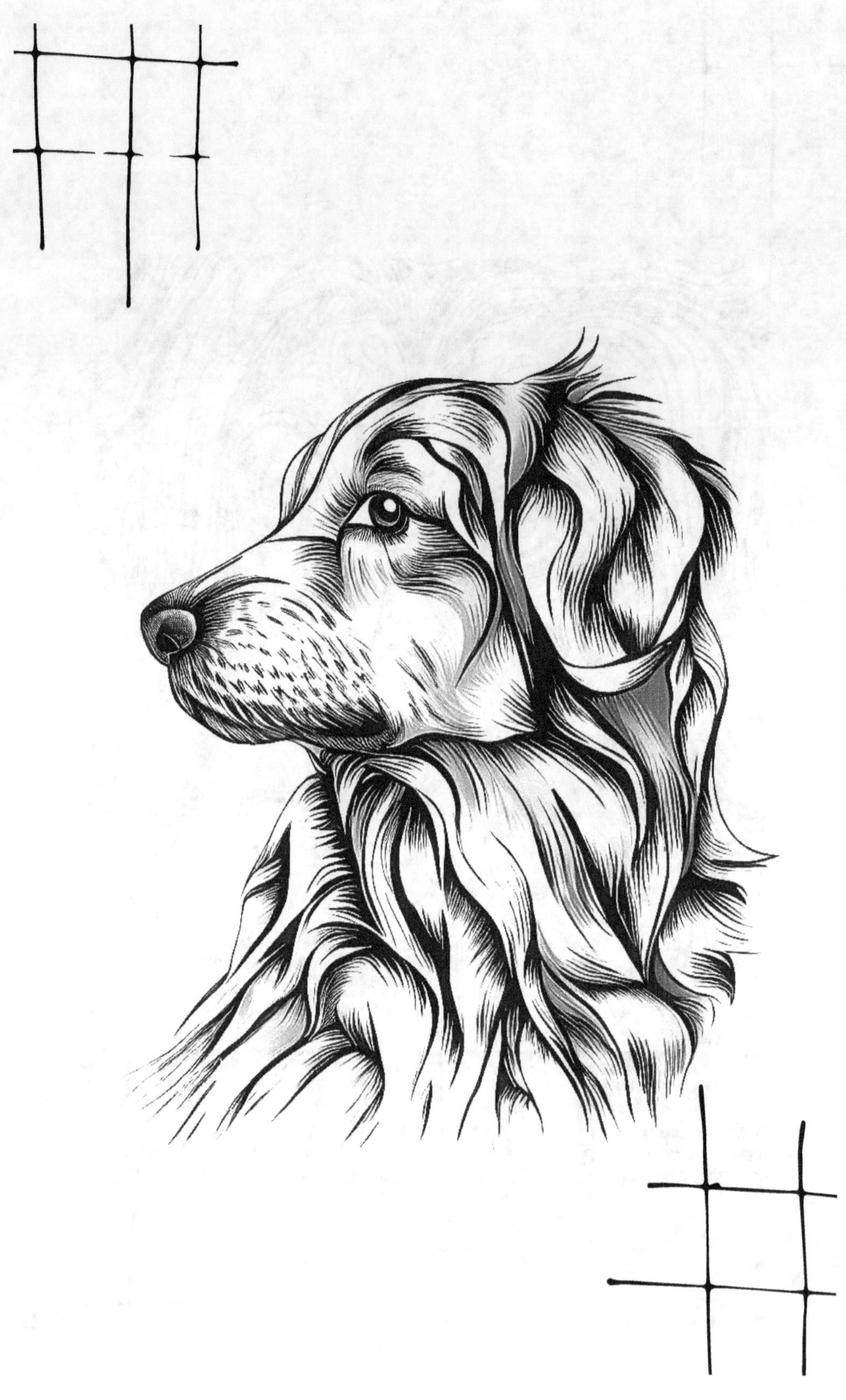

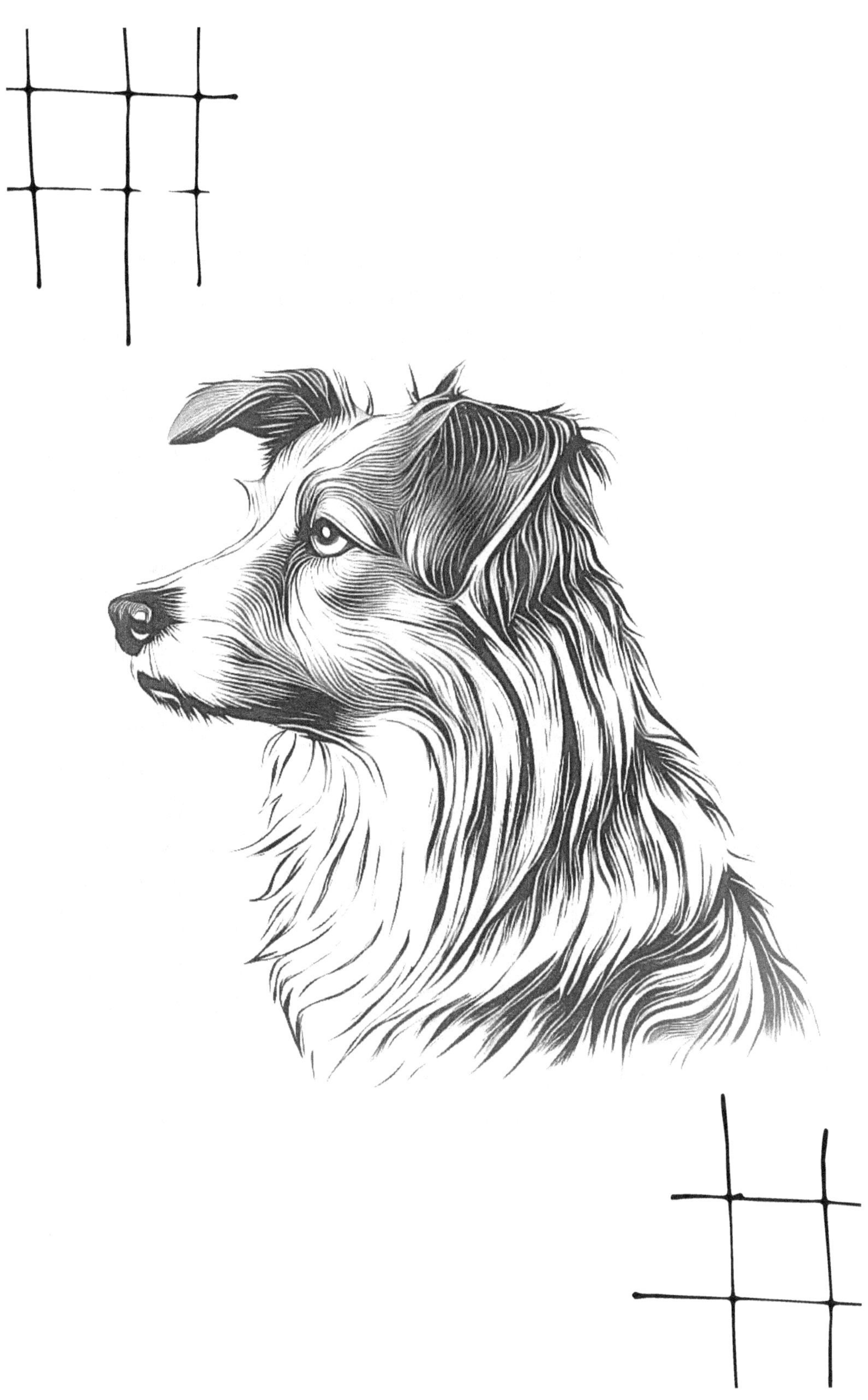

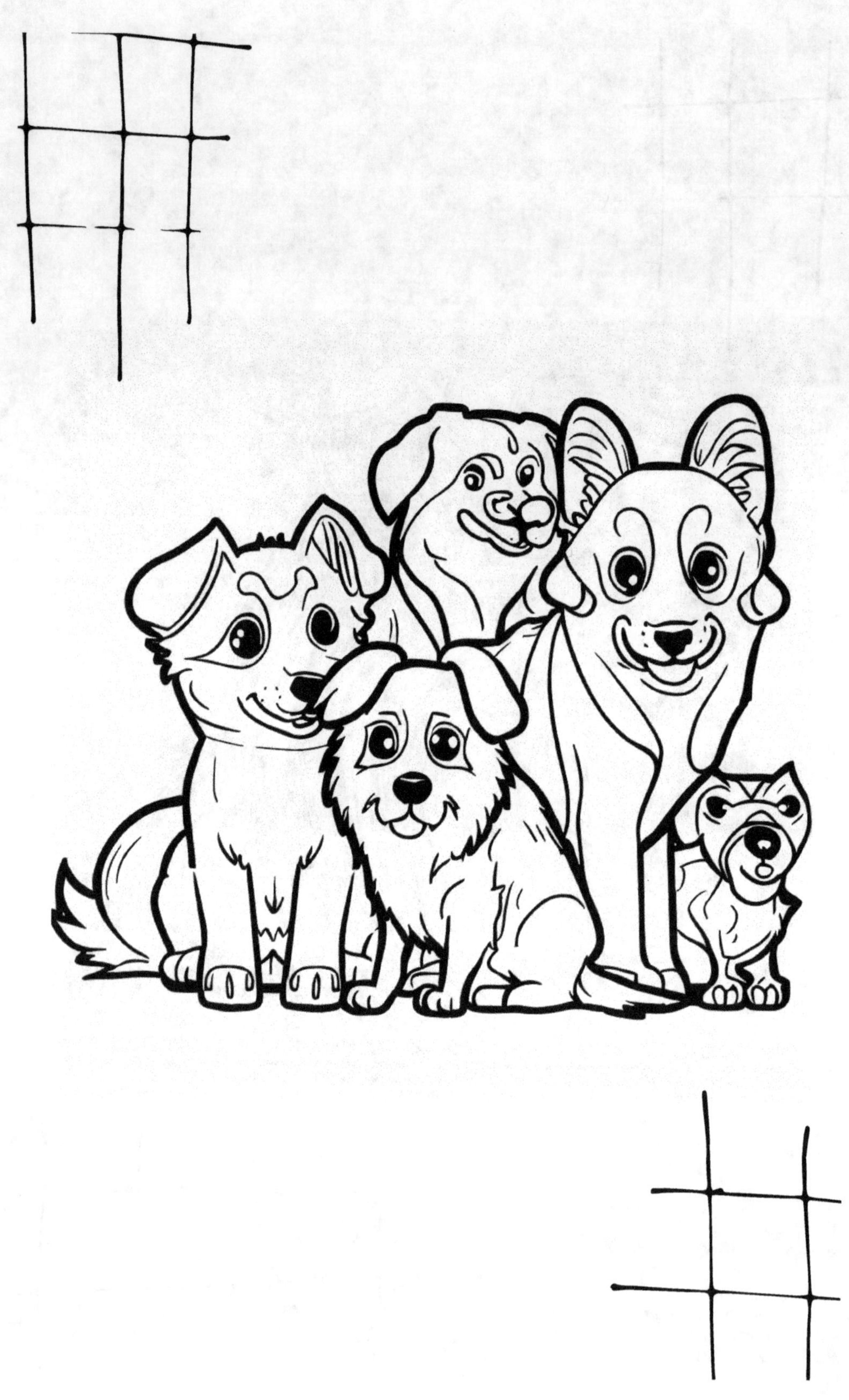

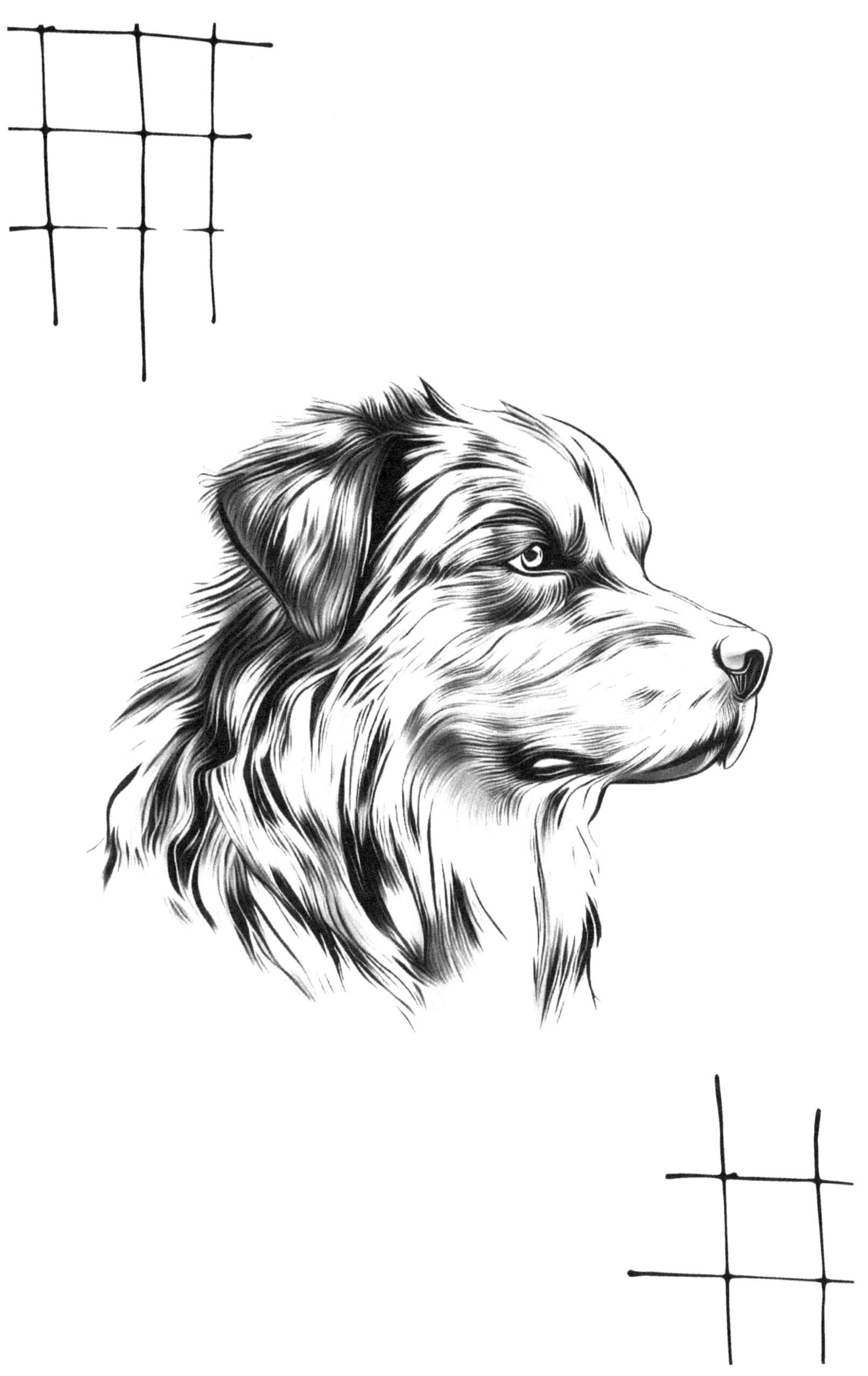

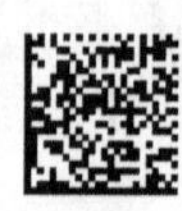

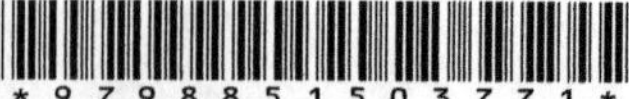